BEI GRIN MACHT SICH IHR WISSEN BEZAHLT

AF138430

- Wir veröffentlichen Ihre Hausarbeit,
  Bachelor- und Masterarbeit

- Ihr eigenes eBook und Buch -
  weltweit in allen wichtigen Shops

- Verdienen Sie an jedem Verkauf

Jetzt bei www.GRIN.com hochladen und kostenlos publizieren

Strategiebericht für eine Praxis für Ernährungsberatung in Stuttgart

Falk Naumann

Bibliografische Information der Deutschen Nationalbibliothek:

Die Deutsche Nationalbibliothek verzeichnet diese Publikation in der Deutschen Nationalbibliografie; detaillierte bibliografische Daten sind im Internet über http://dnb.d-nb.de abrufbar.

ISBN: 9783346588821
Dieses Buch ist auch als E-Book erhältlich.

© GRIN Publishing GmbH
Nymphenburger Straße 86
80636 München

Druck und Bindung: Books on Demand GmbH, Norderstedt Germany
Gedruckt auf säurefreiem Papier aus verantwortungsvollen Quellen

Das Buch bei GRIN: https://www.grin.com/document/1161589

Hausarbeit

Name, Vorname	Naumann, Falk
Studiengang	MBA Sport-/Gesundheitsmanagement
Studienmodul	Strategisches Management I
Datum Präsenzphase (siehe Ergebnisdokumentation)	25.10. – 27.10.2021
Aufgabe	Erstellung eines Strategieberichts für eine Praxis für eine Ernährungsberatung in Stuttgart

Inhaltsverzeichnis

1 Darstellung der Ausgangssituation

1.1 Wahl des Standortes

Bei der Standortwahl spielen verschiedene, branchenabhängige (Standort-)Faktoren eine Rolle. Für die Bestimmung des Standortes für die Praxis für Ernährungsberatung wurden die in Tabelle 1 aufgeführten Faktoren und deren Ausprägungen priorisiert:

Tabelle 1: Berücksichtigte Standortfaktoren und deren Ausprägungen

Erreichbarkeit	Konsumenten	Mitbewerber	Räumlichkeit
Öffentlicher Personennahverkehr (ÖPNV)	Einwohner- bzw. Bevölkerungsdichte	Mitbewerberintensität	Raumkosten (Miete etc.)
zu Fuß	Kaufkraft		
Privat-Fahrzeug	Altersstruktur		

1.1.1 Beschreibung des Standortes

Die Praxis für Ernährungsberatung ist im Bosch-Areal an der Grenze zwischen den Stadtbezirken Stuttgart-Mitte und Stuttgart-West angesiedelt. Das Bosch-Areal ist ein ehemaliges Verwaltungsgebäude der Firma Bosch, welches in ein modernes, urbanes Zentrum umgewandelt wurde. Der Gebäudekomplex beinhaltet neben Einkaufsmöglichkeiten auch Gastronomie und Freizeitangebote, wie beispielsweise ein Fitnesscenter und ein Kino.

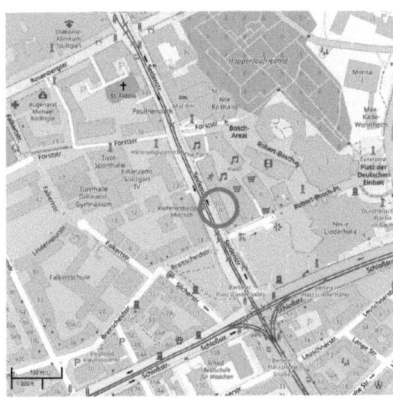

Abbildung 1: OpenStreetMap, Praxis für Ernährungsberatung

Der Standort zeichnet sich durch eine optimale Verkehrsanbindung aus. Mit dem ÖPNV ist er per Bus oder per U-Bahn erreichbar (s. Vgl. Abb. 2). In unmittelbarer Nähe befinden sich die beiden Bushaltestellen „Berliner Platz (Hohe Straße)", ca. vier Minuten Gehzeit, 260 m, und „Rosenberg-/Seidenstraße", ca. drei Minuten Gehzeit, 240 m, sowie die U-Bahnhaltestelle „Berliner Platz (Liederhalle)", ca. zwei Minuten Gehzeit, 150 m. Der Hauptbahnhof Stuttgart ist ca. 1,5 km, 20 Minuten Gehzeit, entfernt oder in sechs bzw. zwölf Minuten mit dem

ÖPNV zu erreichen. Auf der gegenüberliegenden Straßenseite befindet sich das Parkhaus „Tivoli". Weitere Parkmöglichkeiten bietet die nahegelegene Tiefgarage „Liederhalle - Bosch Areal APCOA".

1.2 Beschreibung des Unternehmenstyps

1.2.1 Strategisches Geschäftsfeld: (primärpräventive) Ernährungsberatung

Die Zielgruppe der Ernährungsberatung sind Gesunde im mittleren Erwachsenenalter mit einem definierten Risikoprofil (Primärprävention). Dabei richtet sich die Praxis für Ernährungsberatung vor allem an Personen, die ihren individuellen Lebensstil verbessern wollen, an bestimmte Berufsgruppen, bspw. mit hoher Arbeitsintensität oder in Schichtarbeit, und an Personen in besonderen Lebenssituationen, z.B. Schwangere oder Stillende bzw. Breiten- und Leistungssportler.

Laut der Ernährungsstudie „Iss was, Deutschland" fehlt es 25% der Befragten an Wissen bzw. 21% an Beratung zu gesunder Ernährung (2017, S. 20f). Dementsprechend gestaltet sich auch das Dienstleistungsportfolio. Die Praxis für Ernährungsberatung bietet Einzelberatungen, Kurse, aber auch Seminare und Workshops zur Vermeidung von Mangel- oder Fehlernährung, zur Vermeidung bzw. Reduktion von Übergewicht, aber auch zur Ernährung in besonderen Lebenssituationen an. Ergänzt wird das Dienstleistungsportfolio durch Analyse- und Screening-Angebote wie bspw. die Messung der Körperzusammensetzung, des Arterioskleroserisikos oder der Cholesterinwerte.

1.2.2 Strategisches Geschäftsfeld: (medizinische) Ernährungstherapie

Die Ernährungstherapie und Diätberatung richtet sich als Zielgruppe an Erkrankte im Rahmen einer ärztlichen Behandlung zur Wiederherstellung der Gesundheit (Sekundärprävention) und zur Linderung bzw. Verzögerung eines Krankheitsverlaufs (Tertiärprävention).

Sowohl bei Frauen als auch bei Männern nehmen vor allem in der zweiten Hälfte des mittleren Lebensalters, zwischen dem 45. und 65. Lebensjahr gesundheitliche Beeinträchtigungen zu. Laut Robert Koch-Institut stellt Übergewicht mit daraus resultierenden Folgeerkrankungen wie bspw. Bluthochdruck, koronare Herzerkrankungen oder Diabetes mellitus einen zentralen ernährungsbedingten Risikofaktor dar (2005, S. 46). Die Praxis für Ernährungsberatung bietet daher schwerpunktmäßig Einzelberatungen zu Krankheitsbildern wie Adipositas oder Untergewicht, Stoffwechselstörungen bzw. -erkrankungen,

Herz-Kreislauf-Erkrankungen, Allergien und Lebensmittelunverträglichkeiten, rheumatischen Erkrankungen, chronisch entzündlichen Darmerkrankungen oder onkologischen Erkrankungen an. Ergänzend werden auch in diesem Geschäftsfeld Analysen und Screenings bzw. einzelne Kurse, Seminare und Workshops, wie bspw. ein Kochkurs für Diabetiker, angeboten.

1.2.3 Strategisches Geschäftsfeld: Betriebliche Gesundheitsförderung

Die Betriebliche Gesundheitsförderung als Teil des Betrieblichen Gesundheitsmanagements richtet sich vor allem an kleine und mittlere Unternehmen, die nicht über die personellen, finanziellen und zeitlichen Ressourcen für breit angelegte Ernährungsprogramme verfügen. Gemäß der Ernährungsstudie „Iss was, Deutschland" haben 64 % der Berufstätigen keine Zeit, sich gesünder zu ernähren. Mehr als ein Viertel der Befragten, 26 %, fehlt es an besseren Voraussetzungen (2017, S. 20f).

Gerade hier kann auch ein gesünderes betriebliches Verpflegungsangebot helfen. Daher bietet die Praxis für Ernährungsberatung neben verhaltens- und verhältnispräventiven Maßnahmen zur gesundheitsgerechten Ernährung im Arbeitsalltag, wie bspw. Gesundheitstage bzw. -aktionen oder Ernährungssprechstunden, auch Unterstützung bei der Optimierung des Verpflegungsangebotes in (Betriebs-)Kantinen an.

1.2.4 Zusammenfassung der strategischen Geschäftsfelder

Die verschiedenen Dienstleistungsformate in den strategischen Geschäftsfeldern sind modular aufgebaut und lassen sich nach dem individuellen Bedarf des Kunden beliebig kombinieren. Auf Grund der Mitarbeiterqualifikationen bzw. der Zertifizierung verschiedener Dienstleistungen besteht auch die Möglichkeit einer Bezuschussung durch die Krankenkassen. Zu einer, ggf. anteiligen, Kostenerstattung und deren Beantragung wird im Rahmen des kostenfreien Vorgesprächs beraten.

Neben klassischen Präsenzangeboten in den eigenen Räumlichkeiten oder beim Kunden vor Ort bietet die Praxis für Ernährungsberatung verschiedene Dienstleistungen auch als Telefon- oder Videoberatung bzw. als Online-Angebote an.

2 Phase der strategischen Zielplanung

2.1 Unternehmerische Vision / Mission /Grundwerte

Vision und Mission bzw. Unternehmensleitbild sind laut Hungenberg und Wulf (2015, S. 54) wichtige Formen zur Kommunikation der Unternehmensziele. Nach Kreutzer (2018, S. 35) sind sie den quantitativen Unternehmenszielen übergeordnet und wirken damit idealerweise richtungsweisend, sinnstiftend und motivierend für Mitarbeiter im Unternehmen. Weber, Kabst und Baum (2018, S. 98) bezeichnen die Vision auch als Leitidee, welche eine grundlegende Vorstellung von der zukünftigen Rolle des Unternehmens geben soll.

Das Bundeszentrum für Ernährung als auch die Branchenverbände fordern mehr Transparenz und Verbraucherschutz in der Ernährungsberatung. Laut Koordinierungskreis „Qualitätssicherung in der Ernährungsberatung und Ernährungsbildung", einem Gremium aus zwölf Berufsverbänden, Fachgesellschaften, Fortbildungsträgern und Verbraucherschutzorganisationen, ist es für Verbraucher „schwierig, seriöse von unseriösen Angeboten in der Ernährungsberatung und Ernährungsbildung" zu unterscheiden, da der Begriff Ernährungsberatung in Deutschland nicht rechtlich geschützt ist.

Diesen Punkt greift die Unternehmensvision der Praxis für Ernährungsberatung auf. Ein effektives Empfehlungsmarketing und Kontaktnetzwerk beruht laut Rassinger und Adelmann (2020, S. 17ff) auf Vertrauen. Dieses Vertrauen erreicht die Praxis für Ernährung bei Kunden und Unternehmen durch effiziente, passgenaue und qualitativ hochwertige Dienstleistungen im Bereich der Ernährungsberatung und -therapie.

„Als Qualitätsführer geben wir Orientierung und Sicherheit im Themenfeld Ernährung."

Die Mission gibt laut Kreutzer (2018, S. 37) dem Unternehmen einen bestimmten Handlungsrahmen als auch eine bestimmte Handlungsrichtung. Gemäß Hungenberg und Wulf (2015) enthält sie wesentlich detaillierter Aussagen dazu, was das Kerngeschäft eines Unternehmens ist, welche einzigartigen Kompetenzen es besitzt und für welche Werte es steht.

Die Praxis für Ernährungsberatung entwickelt ein differenziertes Portfolio an Dienstleistungsformaten für Personen und Unternehmen mit dem Ziel, die Gesundheit, die Leistungsfähigkeit und das Wohlbefinden nachhaltig zu verbessern bzw. zu erhalten.

„Auf Basis unserer Fachexpertise entwickeln wir, unter Einsatz digitaler Technologien und zeitgemäßer, pädagogischer Methoden, gemeinsam mit unseren Kunden

nachhaltige Ernährungskonzepte, um die Gesundheit, die Leistungsfähigkeit und das Wohlbefinden nachhaltig zu verbessern bzw. zu erhalten."

Daraus ergeben sich für die Praxis für Ernährungsberatung folgende, in Tabelle 4 aufgeführten, Unternehmensgrundsätze, um die Vision und die Mission ins tägliche Handeln zu überführen.

Tabelle 2: Unternehmensgrundsätze der Praxis für Ernährungsberatung

Vertrauen	Gegenseitiges Vertrauen ist die Grundlage für alle unsere internen und externen Geschäftsbeziehungen.
Kundenorientierung	Der Erfolg unserer Kunden steht im Fokus unseres Handelns. Dabei lernen wir von unseren Kunden und bieten Lösungen, die sie am besten unterstützen.
Innovation	Wir verpflichten uns zu kontinuierlicher Verbesserung und legen großen Wert auf die Entwicklung neuer Lösungen, die unseren Kunden zugutekommen. Dabei lassen wir uns von Chancen und Herausforderungen inspirieren und handeln gern.
Verantwortlichkeit	Als Unternehmen sind wir für die richtigen Ergebnisse verantwortlich. Wir sind entschlossen, definieren uns klare Ziele und setzen dabei auf Schnelligkeit, Qualität und Integrität.
Teamwork	Als Team sind wir stärker. Wir inspirieren und unterstützen uns gegenseitig. Dabei gehen wir offen, inklusiv und respektvoll miteinander um.

2.2 Strategische Zielplanung

Unternehmensziele bezeichnen laut Hungenberg und Wulf (2015, S. 43) einen Zustand, den ein Unternehmen zu einem bestimmten Zeitpunkt erreicht haben soll. Gemäß Weber, Kabst und Baum (2018, S. 99) konkretisieren und präzisieren die Unternehmensziele die abstrakte Vision und die vage Mission. Aus Kapitel 2.1 ergeben sich für die Praxis für Ernährungsberatung folgende, in Tabelle 5 aufgeführten, strategischen Ziele:

Tabelle 3: Strategische Ziele der Praxis für Ernährungsberatung

Auszeichnung als „zertifizierte Ernährungsberatung" gemäß der Deutschen Gesellschaft für Ernährung e. V. (DGE) sowie als „qualifizierte Diät- und Ernährungsberatung" gemäß Verband für Ernährung Diätetik e. V. (VFED) im ersten Jahr.	Zur Qualitätssicherung und Abgrenzung von unseriösen Angeboten auf dem Markt ist eine Zertifizierung zwingend notwendig. Zertifikate werden auf Grundlage entsprechender fachspezifischer Aus- und Fortbildungen durch die jeweiligen Institutionen und Verbände vergeben.
Aufbau eines Kooperationsnetzwerkes mit mindestens zwei gemeinsamen Projekten in den ersten drei Jahren.	Durch die Kooperation mit anderen Dienstleistern, wie bspw. Ernährungsmedizinern, Psychologen oder

	(Personal-) Trainern, kann das Dienstleistungsportfolio erweitert und ganzheitlicher gestaltet werden. Darüber hinaus bietet sich so die Möglichkeit, perspektivisch auch in Projekte der Kooperationspartner eingebunden zu werden.
Aufbau eines Schulungskonzepts zum „Ernährungslotsen im Betrieb" in den ersten fünf Jahren.	Durch ein Konzept zur Ausbildung und zum Einsatz von Ernährungslotsen als Baustein der betrieblichen Gesundheitsförderung in kleinen und mittleren Unternehmen kann eine dauerhafte Geschäftsbeziehung etabliert werden. Nach der Ausbildung gilt es, die Ernährungslotsen bei ihren Aufgaben zu unterstützen, zu motivieren, aber auch untereinander zu vernetzen, bspw. in regionalen Gesundheitsnetzwerken.
Aufbau eines Siegels „Gesunde Verpflegung im Unternehmen" in den ersten fünf Jahren.	Bestehende BGM-Systeme und -Zertifizierungen bzw. Employer Branding Awards sind für viele klein- und mittelständische Unternehmen oftmals ressourcenseitig nicht realisierbar. Das Siegel soll Unternehmen anregen, die Gesundheit ihrer Mitarbeiter zu fördern und dies im Sinne eines Employer Brandingkonzeptes auch wirksam zu nutzen. Für die Praxis für Ernährungsberatung besteht so die Möglichkeit des Aufbaus einer dauerhaften Geschäftsbeziehung und der kundenspezifischen Erweiterung bzw. Verbesserung des Dienstleistungsportfolios.

2.3 Branchenvergleich

Die Mitbewerberintensität in den inneren Stadtbezirken von Stuttgart ist hoch. In einem kreisförmigen 3-km-Radius um den Standort wurden bei der Online-Recherche insgesamt 11 weitere Praxen für Ernährungsberatung, drei Ärzte und drei Heilpraktiker, sowie 11 Personaltrainer und Fitnesscenter mit unterschiedlichem Leistungsspektrum im Bereich Ernährungsberatung etc. identifiziert. Für die weitere regionale Betrachtung wurden die Praxen für Ernährungsberatung priorisiert.

Wie in Tabelle 6 dargestellt haben die wenigsten Mitbewerber auf ihren Internetpräsenzen Unternehmensvision, -mission oder -grundwerte klar beschrieben. Bei 6 von 11 Anbietern konnten aus den Beschreibungen Rückschlüsse auf die Unternehmensmission bzw. den angestrebten Kundennutzen gezogen werden. Diese ähneln sich oftmals inhaltlich, fokussieren Themen wie Wohlfühlen, Ernährung und Lifestyle, sowie Genuss und Spaß.

Laut Hecker (2012, S. 47) ist die Unternehmensvision primär nach innen, an Mitarbeiter und Führungskräfte, gerichtet. Im Gegensatz zur Mission, welche teilweise nach außen kommuniziert wird, sollte eine Vision im Unternehmen allein schon über die Ausstrahlung für Außenstehende spürbar sein, und muss nicht unbedingt verkündet werden.

Greift man diesen Aspekt auf, trifft dies sicher auch auf einige Mitbewerber wie bspw. „Spür-Sinn Ernährungsberatung", „Anamaria Hager Chronobiologisches Ernährungstraining (CbE)" oder „Seven Bach - Praxis für Ernährungsberatung" zu.

Einzig „Teresa Bilic - Praxis für Ernährungstherapie" stellt in ihrer Internetpräsenz auf der Unterseite „Philosophie" Mission und Grundwerte ausführlicher dar. Im Fokus ihrer Arbeit stehen die Prinzipien „Mit dem Anti-Diät-Ansatz gegen die Diät-Kultur", „Endlich. Entspannt. Essen." und „Fühle den Unterschied".

Tabelle 4: Online-Recherche nach Vision, Mission und Grundwerte bei Mitbewerbern

Ernährungsberater	Homepage	Vision	Mission	Grundwerte
Preavaris GmbH - Ernährungsberatung & Prävention	www.preavaris.de	X	X	X
Weiss-Institut	www.weiss-institu.de	X	X	X
Metabolic Typing	www.metabolic-typing.de	X	X	X
Teresa Bilic - Praxis für Ernährungstherapie	www.teresa-bilic.de	X	O	O
VANAYANA – Ernährung & Gesundheit	www.vanayana.de	X	O	X
Ernährungsberatung leckervital	www.leckervital.com	X	O	X
viviora	www.viviora.de	X	X	X
Spür-Sinn Ernährungsberatung (Dr. rer. nat. Petra Foster)	www.spuer-sinn.de	X	O	X
Anamaria Hager Chronobiologisches Ernährungstraining (CbE)	www.anamariehager.de	X	O	X
Seven Bach - Praxis für Ernährungsberatung	www.sven-bach.de	X	O	X
Ernährungsberatung Neumann	www.ernaehrungsberatungstuttgart.de	X	X	X

Für Unternehmen mit einer klaren Vision ergibt sich laut Hecker (2012, S. 46) ein wesentlicher Wettbewerbsvorteil. Sie ziehen motivierte und engagierte Mitarbeiter an. Fehlt diese Vision ist es schwierig für Mitarbeiter und Führungskräfte die Unternehmensentwicklung aktiv und kreativ mitzugestalten und in eine bestimmte Richtung zu lenken. Mit Blick auf die geplanten Unternehmensziele ist dies für die Praxis für Ernährungsberatung ein Wettbewerbsvorteil gegenüber vieler Mitbewerber.

3 Phase der strategischen Analyse und Prognose

3.1 Branchenstrukturanalyse

Laut Schawel und Billing (2018, S. 141) umfasst das Five-Forcess-Modell nach Porter fünf Elemente (Branchenwettbewerber, Lieferanten, neue Mitbewerber, Kunden, Substitutionsprodukte,) „anhand derer ein Unternehmen die Attraktivität eines Marktes analysieren kann". Dabei ermöglicht das Tool, laut Aussage von Schawel und Billing, nicht nur eine umfassende Sicht auf das aktuelle Marktumfeld im Sinne einer Status quo-Analyse, sondern auch eine „Prognose der zukünftigen Marktentwicklung (Gefahren, Risiken, Möglichkeiten) inklusive der Festlegung der Eintrittswahrscheinlichkeit" (2018, S. 141).

Das Element „Verhandlungsmacht der Lieferanten" mit den Aspekten Leistungsstärke und Exklusivität kann in seiner Relevanz für die Praxis für Ernährungsberatung vernachlässigt werden und wird daher in den folgenden Betrachtungen nicht näher behandelt.

3.1.1 Branchenwettbewerber

Laut Hartenstein, Billing, Schawel und Grein (2016, S. 32) hat dieser Einflussfaktor die größte Bedeutung der fünf Elemente, da Positionskämpfe um Marktanteile und Wettbewerbsvorteile zwischen bereits in einer Branche tätigen Unternehmen den Einfluss auf ein Unternehmen bestimmen.

Die Online-Recherche in der Präventionsdatenbank der Krankenkassen ergab in einem Umkreis von fünf Kilometern fünf weitere Wettbewerber, die durch die Krankenkassen zertifizierte Gesundheitskurse im Themenfeld Ernährung anbieten. Außerdem ist die Mitbewerberintensität in den inneren Stadtbezirken von Stuttgart in der Branche sehr hoch (vgl. Kap. 2.3).

Hier tritt die Praxis für Ernährungsberatung auf Grund ihres Dienstleistungsportfolios in eine direkte Konkurrenzsituation mit verschiedenen Wettbewerbern am Markt. Zum einen setzt die Praxis für Ernährungsberatung dabei auf ein qualitativ hochwertiges Dienstleistungsportfolio mit zertifizierten Ernährungskonzepten. Zum anderen, mit Blick auf das geplante Schulungskonzept „Ernährungslotsen im Betrieb" bzw. das Siegel „Gesunde Verpflegung im Unternehmen", auf eine konsistente Markenbildung im Bereich der Betrieblichen Gesundheitsförderung in der Region, mit dem Ziel, sich so von der Konkurrenz abzuheben. Darüber hinaus wächst die Branche laut Präventionsbericht 2020 kontinuierlich. Die Ausgaben für Maßnahmen der Betrieblichen Gesundheitsförderung betrugen 2019 insgesamt 239.911.574 Euro und stiegen im Vergleich zum Vorjahr um 39%. Ähnlich bei individuellen, verhaltensbezogenen Präventionsangeboten wie Kursen. Hier betrugen die Ausgaben im gleichen Zeitraum 225.327.955 Euro und stiegen ebenfalls im Vergleich zum Vorjahr um 5% (2021, S. 39). Es wird daher von ausreichend Potential für einen weiteren, qualifizierten Anbieter am Markt ausgegangen.

3.1.2 Neue Wettbewerber

Die Gefahr neuer Wettbewerber auf dem Markt erhöht sich laut Hartenstein, Billing, Schawel und Grein (2016, S. 32) mit steigender Attraktivität der jeweiligen Branche. Die Bezeichnung „Ernährungsberater" ist in Deutschland gesetzlich nicht geschützt. Auf Grund dieser fehlenden gesetzlichen Regelung „[…] kann sich im Prinzip jede/r Ernährungsberater nennen" und seine „[…] Dienste auf dem freien Markt anbieten" (Bundeszentrum für Ernährung, 2017). Unterschiedliche Lehrgangs- und (Fern-)Studienangebote privater Fortbildungsinstitute „locken", laut BZfE, „mit einem Abschluss" und halten die Eintrittsbarrieren für Mitbewerber entsprechend niedrig.

Die Praxis für Ernährungsberatung plant den Markteintritt mit bekannten, aber qualitativ hochwertigen Dienstleistungsformaten. Parallel werden durch neue Dienstleistungsvarianten im Sinne einer Produktdifferenzierung und eine hohe Kundenzufriedenheit bzw. -loyalität, die Markteintrittsbarrieren für neue Wettberber erhöht.

3.1.3 Substitutionsprodukte

Im Bereich der Ernährungsberatung finden sich Substitutionsangebote vor allem in Form von Apps, Informations- und Beratungsplattformen oder Online-Programmen.

So bietet bspw. die Ernährungs-App Oviva die Möglichkeit einer individuellen Ernährungsberatung mit Ess-Foto-Tagebuch, Kochrezepten, Podcasts und Videos. Die Kosten werden dabei, teilweise vollständig, von den gesetzlichen Krankenkassen übernommen.

Der Anbieter Cyberfitness bietet unter anderem mehrwöchige Onlinekurse, bspw. zur Diabetesprävention oder Gewichtsreduktion, welche ebenfalls durch die Krankenkassen zertifiziert sind und bezuschusst werden.

Laut einer Umfrage von Statista zur Nutzung und Nutzungsabsicht von Gesundheits-Apps in Deutschland 2019 gaben 14 % der Befragten an, in den letzten zwölf Monaten Gesundheits-Apps genutzt zu haben. Mehr als die Hälfte der Befragten (53 %) lehnte die Nutzung solcher Apps ab. Es ist daher davon auszugehen, dass gerade jüngere Erwachsene teilweise kostenlose, digitale Angebote zunächst präferieren. Angesichts oftmals fehlender Nachweise zur Wirksamkeit und Nachhaltigkeit ersetzen diese Selbstlernprogramme oder Apps keine individuelle Beratung bzw. Begleitung. Hier strebt die Praxis für Ernährungsberatung eine sinnvolle Integration von digitalen Technologien in das Dienstleistungsportfolio an.

3.1.4 Kunden

Gemäß Hartenstein, Billing, Schawel und Grein (2016, S. 32) ist die Verhandlungsstärke von Kunden u. a. umso größer, je undifferenzierter ein Produkt bzw. eine Dienstleistung ist oder je geringer die Wechselkosten zu einem anderen Anbieter sind.

Mit Blick auf die Wettbewerber (vgl. Kap. 2.3) kann man zunächst von einer hohen Verhandlungsstärke der Kunden ausgehen. Differenziert man den bestehenden Markt jedoch nach Dienstleistungsportfolio und Zielgruppen, ergibt sich folgendes Bild. Nur fünf Mitbewerber in den inneren Stadtbezirken verfügen über eine Qualifikation für Krankenkassenkurse, drei Mitbewerber eine Zertifizierung bzw. Qualifikation durch Institutionen und Verbände:

- QUETHEB und VDOE: Spür-Sinn Ernährungsberatung
- VDD und VFED: Seven Bach - Praxis für Ernährungsberatung
- DGE: Dr. med. Bettina Lang

Eine hohe Zahl an Mitbewerbern wie bspw. Fitnesscenter oder Personaltrainer weisen keine Zertifizierungen auf oder bedienen Nischen wie bspw. Ayurveda Ernährung oder Fastenkuren. Gerade bei fehlender Zertifizierung sind die Dienstleistungen jedoch oft undifferenzierter bzw. beliebiger und letztendlich austauschbarer. Dies ist für die Praxis für Ernährungsberatung ein Wettbewerbsvorteil. Durch die Fokussierung auf qualifizierte bzw. zertifizierte Dienstleistungsangebote und das Setting klein- und mittelständische Unternehmen besteht hier die Möglichkeit, sich klar von der Konkurrenz abzuheben und langanhaltende Kundenbeziehungen aufzubauen.

3.2 SWOT-Analyse

Kreutzer (2018, S.106f) beschreibt die SWOT-Analyse als ein leistungsstarkes, strategisches Analyseinstrument, welches eine Einschätzung der eigenen Leistungsfähigkeit in Bezug auf relevante Wettbewerber bei gleichzeitiger Bewertung zukünftiger Marktgegebenheiten ermöglicht. Dabei stehen Stärken und Schwächen (Strengths und Weaknesses) für Vor- und Nachteile des Unternehmens im direkten Wettbewerbervergleich und decken damit die interne Perspektive der Analyse. Chancen und Risiken (Opportunities und Threats) der jeweiligen Branche integrieren die externe, umweltbezogene Perspektive der Analyse.

3.2.1 Stärken

Die Praxis für Ernährungsberatung verfügt über eine breite Dienstleistungspalette und kann so verschiedene Kundenbedürfnisse am Markt abdecken. Auf Grund der zertifizierten Dienstleistungsformate und Mitarbeiterqualifikationen sind Krankenkassenkooperationen, sowie auch Angebote in der medizinischen Ernährungstherapie und Diätberatung möglich. Kooperationen mit anderen Dienstleistern, aber auch die geplante Entwicklung des Schulungskonzeptes bzw. der Aufbau eines Siegels bieten Wachstumspotenzial in verschiedenen strategischen Geschäftsfeldern und verhindern die Abhängigkeit von bestimmten Zielgruppen. Unternehmensvision, -mission und -grundwerte bilden gegenüber vielen Mitbewerbern einen wesentlichen Wettbewerbsvorteil.

3.2.2 Schwächen

Für die Praxis für Ernährungsberatung stellen vor allem ressourcenabhängige Markteintrittsbarrieren eine Herausforderung dar. Dazu zählt, mit Blick auf die Qualitätsführerschaft, zum einen die Beschaffung von Kapital für notwendige Investitionen, zum anderen die Bereitstellung von passendem, qualifizierten Fachpersonal.

Darüber hinaus muss auf Grund der fehlenden Bekanntheit erstmal ein effizientes Marketingkonzept in den Bereichen B2B und B2C erstellt und umgesetzt werden.

Durch erforderliche Investitionen müssen höhere Preise und Konditionen als mitunter bei Mitbewerbern am Markt aufgerufen werden. Bei fehlendem, klar erkennbarem Mehrwert für den Kunden kann sich dies unter Umständen ebenfalls negativ auswirken.

3.2.3 Chancen

Die steigenden Investitionen der gesetzlichen Krankenkassen, vor allem im Bereich der Betrieblichen Gesundheitsförderung, sorgen für ein kontinuierliches Branchenwachstum. Gefördert wird dies durch das gesteigerte Bewusstsein für Gesundheit in Unternehmen. Gemäß Statista (2021) setzen bereits 24% der Entscheider Maßnahmen zur Gesundheitsförderung zur Mitarbeiterbindung in ihren Unternehmen um.

3.2.4 Risiken

Gerade die bereits bestehende, hohe Mitbewerberzahl und die niedrigen Markteintrittsbarrieren für neue Wettbewerber kann eine rasche Etablierung auf dem Markt erschweren. Wettbewerber können Dienstleistungen und Konzepte kopieren und selbst auf den Markt bringen. Starke, strategische Kundenbindungen („Lock in"-Effekt) oder starke Marktpositionen von Wettbewerbern können ebenfalls ein Risiko darstellen. Aber auch soziale Faktoren spielen eine Rolle. So kann es zum Beispiel passieren, dass Kunden seit Jahren bekannten, regionalen Wettbewerbern eher Vertrauen schenken als unbekannten neuen Anbietern.

Aber auch politische oder wirtschaftliche Veränderungen, wie bspw. in Folge der Corona-Pandemie, und die damit verbundenen Auswirkungen auf die Branche stellen ein Risiko dar.

3.2.5 SWOT-Matrix und Strategien

Unternehmensanalyse (intern)

	Stärken (strengths)	Schwächen (Weaknesses)
	S1: Dienstleistungsportfolio S2: zertifizierte Dienstleistungsformate S3: klare strategische Zielplanung (Vision, Mission, Werte)	W1: fehlendes Kapital und Fachpersonal W2: fehlende Bekanntheit W3: höhere Preise W4: Unvermögen der Kunden, Leistungsqualität zu erkennen

Umweltanalyse (extern)	Chancen (Opportunities)	O1: kontinuierliches Branchenwachstum / O2: unternehmensseitig, gesteigertes Interesse an BGF-Maßnahmen	**Stärke-Chance-Strategie „Ausbauen"** • Ausbau von zertifizierten, digitalen Dienstleistungsangeboten mit den Krankenkassen (S1/O1/O2) • Kommunikation von gesetzlichen Fördermöglichkeiten im B2B-Marketing (S1/O2)	**Schwäche-Chance-Strategie „Aufholen"** • Ausbau von Kooperationen mit anderen Dienstleistern zur Erweiterung des Dienstleistungsportfolios und Verbesserung der Bekanntheit und Kundenattraktivität (W2/O2) • gezielte Nutzung von Empfehlungsmarketing und Social Media zur Neukundengewinnung (W2/W3/W4/O2) • Einsatz digitaler Technologien zum Ausgleich von Ressourcenmangel, Fachexperten (W1/O2)
	Risiken (threats)	T1: hohe Mitbewerberzahl / T2: niedrigen Markteintrittsbarrieren / T3: Anfälligkeit für politische oder wirtschaftliche Veränderungen	**Stärke-Risiko-Strategie „Absichern"** • langsamer Ausbau aller strategischen Geschäftsfelder zur Vermeidung von Abhängigkeiten (S1/S3/T3) • Erhöhung des Marketing- und Werbeetats (S1/S2/T1/T2)	**Schwäche-Risiko-Strategie „Vermeiden"** • Nutzung von finanziellen Fördermöglichkeiten zur Mitarbeiterqualifikation (W1/T1/T2) • Ausbau der Marktkommunikation: Sensibilisierung für Leistungsqualität (W4/T1/T2)

3.3 Zielplanung

Ziele sollten laut Watzka (20217, S. 158) „SMART" sein. Dabei steht die Buchstabenkombination für schriftlich fixiert, messbar, anspruchsvoll, realistisch und terminiert.

Legt man diese Zielformulierung zu Grunde, sind alle Ziele der Praxis für Ernährungsberatung zunächst einmal schriftlich fixiert. Der zeitliche Bezug, die Geltungsdauer, ist ebenfalls für alle Ziele mit ein bis fünf Jahre gegeben. Die Zielinhalte geben laut Thommen, Achleitner, Gilbert, Hachmeister und Kaiser (2017, S. 44) zum Ausdruck, auf welchen Sachverhalt die Ziele sich beziehen. Das Ziel der Zertifizierung und Qualifizierung durch DGE und VFED ist durch die damit verbundene Auditierung klar messbar. Ebenso verhält es sich mit dem Aufbau eines Kooperationsnetzwerkes durch die Festlegung der Anzahl der Kooperationspartner und der gemeinsamen Projekte. Der Aufbau eines Schulungskonzeptes zum „Ernährungslotsen im Betrieb" und eines Siegels „Gesunde Verpflegung im Unternehmen" sind durch die jeweilige Fertigstellung messbar. Bei den letzten beiden Zielen sollte auf Grund des Zeithorizonts von fünf Jahren die Möglichkeit genutzt werden, durch die Formulierung von Teilzielen den aktuellen Zwischenstand der Zielerreichung abzubilden. Alle Ziele sind durch die Mitarbeiter und Führungskräfte individuell beeinflussbar. Sie bieten die Möglichkeit der aktiven Mitgestaltung und üben so deutliche Wirkung auf die Motivation und das Leistungsverhalten aus. Die realistische Durchführbarkeit der Ziele sollte ggf. noch einmal angepasst werden. Diese beruht auf Annahmen, eventuelle Herausforderungen, wie bspw. das Fehlen von geeigneten Kooperationsprojekten in den ersten drei Jahren, zeigen sich jedoch erst im Laufe der unternehmerischen Tätigkeit.

4 Phase der Strategieformulierung

4.1 Strategieformulierung

Die Praxis für Ernährungsberatung verfolgt eine klare Wachstumsstrategie. Oberste Zielsetzung ist die Neukundengewinnung durch Akquisition, um in kurzer Zeit Umsatz und Ertrag zu steigern und sich dauerhaft auf dem bestehenden Markt zu etablieren. Da die Praxis für Ernährungsberatung mit ihrem neuen Dienstleistungsportfolio in einen bereits bestehenden Markt vordringt, wird als Produkt-Markt-Strategie die Strategie der Produktentwicklung gewählt. Hierbei liegt der Fokus laut Frey (2016, S. 108f) darauf die Bedürfnisse des bestehenden Marktes mit neuen Produkten (Innovationen) oder durch die Entwicklung von zusätzlichen Produktvarianten zu befriedigen. Die Praxis für Ernährungsberatung setzt den strategischen Schwerpunkt in der Qualitätsführerschaft, sowie in der Entwicklung von neuen Konzepten im Bereich der Betrieblichen Gesundheitsförderung. Damit soll zum einen das Bedürfnis nach mehr Verbraucherschutz in der Ernährungsberatung und -bildung durch qualifizierte bzw. zertifizierte Angebote nachgekommen werden, zum anderen werden im wachsenden, betrieblichen Setting neue Angebote konzipiert. Da finanzielle und personelle Ressourcen nur begrenzt zur Verfügung stehen, ist ein Unternehmenswachstum nur in einem bestimmten Rahmen möglich. Um das Wachstum trotzdem sicherzustellen, greift die Praxis für Ernährungsberatung auf konglomerate Kooperationen zurück. Hierunter wird laut Hungenberg (2014, S. 512) die Zusammenarbeit von Unternehmen verstanden, die weder in einer Wertschöpfungsbeziehung zueinanderstehen, noch unmittelbar miteinander konkurrieren. Die Praxis für Ernährungsberatung plant mit anderen Dienstleistern im Rahmen eines Kooperationsnetzwerkes gemeinsame Projekte umzusetzen. Dabei sollen die Dienstleistungen aus Sicht der Kunden komplementär sein, sodass eine gemeinsame Vermarktung sinnvoll ist und sich das Dienstleistungsportfolio insgesamt ganzheitlicher gestaltet.

Bei den Strategien auf Geschäftsbereichsebene werden grundsätzlich drei Strategietypen unterschieden: die Strategie der Kostenführerschaft, die Strategie der Differenzierung und die Strategie der Konzentration auf Schwerpunkte. Die Praxis für Ernährungsberatung richtet sich strategisch nach der Differenzierung der Dienstleistungen aus. Das Dienstleistungsportfolio soll sich qualitativ von dem Wettbewerberangebot abgrenzen und durch ein entsprechendes Markenimage dazu führen, dass Kunden die Dienstleistungen den Wettbewerberangeboten vorziehen.

4.2 Blue Ocean-Strategie

Laut Heupel et al. (2019, S. 14) ist die Blue Ocean-Strategie darauf ausgelegt, bisher noch nicht erschlossene Märkte durch Nutzeninnovationen zu ergründen. Als Nutzeninnovation wird dabei die Senkung der Kosten bei gleichzeitiger Steigerung des Kundennutzens definiert.

Die Praxis für Ernährungsberatung setzt dabei auf die Weiterentwicklung hybrider Dienstleistungsangebote für Unternehmen. Dienstleistungsformate werden methodisch-didaktisch und durch den Einsatz digitaler Technologien so gestaltet, dass sie für Mitarbeiter vor Ort als auch in Telearbeit nutzbar sind. Dabei liegt der Fokus auf einem sinnvollen Mix aus Vor-Ort- und Online-Beratungsangeboten und dem Einsatz von digitalen Apps, die über Browser, Smartphone und Datenträger für Nutzer zugänglich sein sollen, bspw. für Dokumentationszwecke. Ziel ist es, die Mitarbeiter aktiver in den eigenen Gesundheitsprozess einzubinden und dabei die Kommunikation bzw. Zusammenarbeit mit dem Ernährungsberater einfacher und intuitiver zu gestallten.

Der Einsatz digitaler Technologien wirkt dabei dem Ressourcenmangel an Fachexperten entgegen und unterstützt die wirtschaftliche Umsetzung der Dienstleistungsangebote. Gerade mit Fokus auf die Aspekte Information, Sensibilisierung und Kompetenzerwerb bieten derartige, zeit- und ortsunabhängig digitale Dienstleistungsformate die Möglichkeit, die Reichweite von Angeboten wesentlich zu erhöhen. Perspektivisch können entsprechend gestaltete Digitale Gesundheits-Apps (DiGA) nach Zulassung auch auf Kosten der Krankenkassen verordnet werden. Online-Beratungen per Video-Chat oder mit anderen digitalen Tools bieten in der Ernährungsberatung und -therapie viele Möglichkeiten und können so auch Mitarbeitern, die nicht im Unternehmen vor Ort sind, erreichen.

5 Personalmanagement

5.1 Führungsverhalten

Die Praxis für Ernährungsberatung hat sich für einen partizipativen Führungsstil entschieden, bei dem es „um ein hohes Maß an Beteiligung und Einbindung auf Augenhöhe" geht (Häfner, Pinneker, Hartmann-Pinneker, 2019, S. 141). Diesem Führungsstil liegt die Annahme zugrunde, dass es für die Qualität und Akzeptanz einer Entscheidung gut ist, wenn betroffene Teammitglieder in den Entscheidungsprozess einbezogen werden. Darüber hinaus fördert Partizipation, laut Häfner, Pinneker und Hartmann-Pinneker (2019, S. 141f), die Eigeninitiative und die Identifikation mit dem Team. Die Mitarbeiter in der Praxis für Ernährungsberatung sind Fachexperten, die in ihrer täglichen Arbeit mit komplexen Aufgabenstellungen konfrontiert werden. Auch wenn die Führungskräfte die Verantwortung dafür tragen, dass Entscheidungen getroffen und umgesetzt werden, wird den Mitarbeitern dabei ein größerer, aufgabenbezogener Entscheidungsspielraum eingeräumt. Führungskräfte sollten dabei, im Sinne einer wertorientierten Führung, Eigenschaften wie Vertrauen, Verantwortung, Integrität und Zuverlässigkeit, sowie Respekt vorweisen und die Unternehmenswerte konsequent vermitteln und (vor-)leben.

5.2 Recruiting

Die aufgeführten Eigenschaften und Charakteristika der Führungskräfte werden in Assessment-Centern in Rahmen von Rollenspielen überprüft. Letztere dienen dazu, praxisnahe Situationen darzustellen und aus dem Verhalten der Bewerber Rückschlüsse auf das spätere Verhalten in ähnlichen Situationen zu ziehen. Beispiele hierfür wären das Führen eines Mitarbeitergesprächs aus der Rolle des Vorgesetzten auf Grund mangelnder Motivation des Mitarbeiters oder Defiziten in Leistung und Verhalten. Weitere Themen wären zum Beispiel auch das Führen eines Kollegengesprächs zur Klärung von Differenzen zwischen zwei Kollegen oder Abteilungen, sowie die Erarbeitung einer gemeinsamen Problemlösung. In diesen Situationen können Bewerber ihre emotionalen Führungsqualitäten zur Zusammenarbeit, Teamführung und Kommunikation unter Beweis stellen.

6 Literaturverzeichnis

Alexander Häfner, Lydia Pinneker Julia Hartmann-Pinneker (2019): Gesunde Führung. Berlin. Springer Verlag.

Bundeszentrum für Ernährung (09.04.2017): Die nötige Qualifikation eines Ernährungsberaters. Online verfügbar unter https://www.bzfe.de/die-noetige-qualifikation-eines-ernaehrungsberaters/, zuletzt geprüft am 03.11.2021.

Christian Schawel, Fabian Billing (2018): Top 100 Management Tools, 6. Auflage. Wiesbaden. Springer-Gabler.

Deutsche Gesellschaft für Ernährung e. V. (07.05.2019): Presseinformation. Mehr Verbraucherschutz in der Ernährungsberatung gefordert. Online verfügbar unter https://www.dge.de/presse/pm/mehr-verbraucherschutz-in-der-ernaehrungsberatung-gefordert/, zuletzt geprüft am 03.11.2021.

Falk Hecker (2021): Management-Philosophie. Wiesbaden. Gabler Verlag.

Harald Hungenberg (2014): Strategisches Management in Unternehmen. Wiesbaden. Springer-Gabler.

Harald Hungenberg, Torsten Wulf (2015): Grundlagen der Unternehmensführung. Berlin. Springer-Gabler.

Jean-Paul Thommen, Ann-Kristin Achleitner, Dirk Ulrich Gilbert, Dirk Hachmeister, Gernot Kaiser (2017): Allgemeine Betriebswirtschaftslehre. 8. Auflage. Wiesbaden. Springer-Gabler.

Klaus Watzka (2017): Zielvereinbarungen in Unternehmen. 2. Auflage. Wiesbaden. Springer-Gabler.

Martin Hartenstein, Fabian Billing, Christian Schawel, Michael Grein (2016): Der Weg in die Unternehmensberatung, 12. Auflage. Wiesbaden. Springer-Gabler.

Medizinischer Dienst des Spitzenverbandes und Bund der Krankenkassen (2020): Präventionsbericht 2020. Online verfügbar unter https://www.gkv-spitzenverband.de/media/dokumente/krankenversicherung_1/praevention__selbsthilfe__beratung/praevention/praeventionsbericht/2020_GKV_MDS_Praeventionsbericht.pdf, zuletzt geprüft am 07.11.2021.

Michael Rassinger, Quirin Graf Adelmann (2020): Empfehlungsmarketing. Wiesbaden. Springer Gabler.

Ralf T. Kreutzer (2018): Toolbox für Marketing und Management. Wiesbaden. Springer Gabler.

Robert Koch-Institut, Statistisches Bundesamt (2005): Gesundheit von Frauen und Männern im mittleren Lebensalter. Online verfügbar unter https://www.gbe-bund.de/pdf/mittleres_lebensalter.pdf, zuletzt geprüft am 03.11.2021.

Statista (2021): Dossier. Gewerbeimmobilien in Stuttgart. Online verfügbar unter file://intern.ias-gruppe.de/DFSIAS/LW-H/CHE-STA/nf.103837/Downloads/study_id84805_gewerbeimmobilien-in-stuttgart.pdf, zuletzt geprüft am 03.11.2021.

Statista (25.08.2021): Kaufkraft je Einwohner in Deutschland nach Bundesländern im Jahr 2021. Online verfügbar unter https://cevvgh176e8svdkjsl3eerpc.bibliothek.dhfpg.de/statistik/daten/studie/709168/umfrage/kaufkraft-je-einwohner-in-deutschland-nach-bundeslaendern/, zuletzt geprüft am 03.11.2021.

Statista (22.01.2021): Kaufkraft je Einwohner in den zehn einwohnerstärksten Stadtkreisen Deutschlands im Jahr 2021 (Prognose). Online verfügbar unter https://cevvgh176e8svdkjsl3eerpc.bibliothek.dhfpg.de/statistik/daten/studie/181912/umfrage/kaufkraft-in-den-einwohnerstaerksten-stadtkreisen-in-deutschland/, zuletzt geprüft am 03.11.2021.

Statistikatlas Stuttgart. Online verfügbar unter https://statistik.stuttgart.de/statistiken/statistikatlas/atlas/atlas.html?indikator=i0&select=00, zuletzt geprüft am 30.10.2021.

Techniker Krankenkasse. "Iss was, Deutsch-land." - TK-Ernährungsstudie 2017. Online verfügbar unter https://www.tk.de/techniker/unternehmensseiten/unternehmen/broschueren-und-mehr/ernaehrungsstudie-2017-2026688, zuletzt geprüft am 05.11.2021.

Thomas Barsch, Thomas Heupel, Holger Trautmann (2019): Die Blue-Ocean-Strategie in Theorie und Praxis. Wiesbaden. Springer-Gabler.

Urs Frey (2016): Vertrauen durch Strategie. Wiesbaden. Springer-Gabler.

Wolfgang Weber, Rüdiger Kabst, Matthias Baum (2018): Einführung in die Betriebswirtschaftslehre, 10., aktualisierte und überarbeitete Auflage. Wiesbaden. Springer Gabler.

7 Abbildungs- und Tabellenverzeichnis

7.1 Abbildungsverzeichnis

7.2 Tabellenverzeichnis

Anhang

Anhang 1: Betrachtete Standortfaktoren

Stuttgart-West weist laut Statistikatlas Stuttgart (2020) mit 7.594 Einwohnern neben Stuttgart-Mitte mit 6.207 Einwohnern und Stuttgart-Ost mit 5.347 Einwohnern die höchste Bevölkerungsdichte der inneren Stadtbezirke vor.

Gemäß Statista beträgt die Prognose für die Kaufkraft 2021 für den Stadtkreis Stuttgart 26.592 Euro pro Einwohner (2021, S. 1) und liegt damit über dem deutschen Durchschnitt von 24.455 Euro pro Einwohner (2021, S. 1). Die Nettoeinkünfte 2019 lagen laut Statistikatlas Stuttgart (2020) im Stadtbezirk Stuttgart-Nord mit 32.766 Euro je veranlagte Person am höchsten, gefolgt von Stuttgart-West 31.208 Euro je veranlagte Person und Stuttgart-Süd 30.633 Euro je veranlagte Person.

Der Stadtbezirk Stuttgart-Mitte weist gemäß Statistikatlas Stuttgart (2020) für 2020 mit einem Durchschnittsalter von 39,0 Jahren den geringsten Wert auf, gefolgt von Stuttgart-West mit 40,5 Jahren und Stuttgart-Süd mit 40,7 Jahren. In Tabelle 2 ist die Altersstruktur der Einwohner ohne Migrationshintergrund für die inneren Stadtbezirke aufgeführt.

Tabelle 5: Einwohner ohne Migrationshintergrund 2020

Stadtbezirk	18 bis unter 30 J.	30 bis unter 45 J.	45 bis unter 60 J.
Stuttgart-Mitte	5.950	7.289	4.122
Stuttgart-Nord	4.857	6.491	5.539
Stuttgart-Ost	9.016	12.182	9.660
Stuttgart-Süd	7.991	12.571	8.771
Stuttgart-West	10.110	16.064	9.570

Auf die Mitbewerbersituation wird in Kapitel 2.3 Branchenvergleich ausführlicher eingegangen.

Die Spitzen- und die Durchschnittsmieten 2020 lagen laut Statista für Stuttgart bei max. 25,50 Euro je m² und durchschnittlich bei 21,50 Euro je m². Für die erweiterte Stuttgarter Innenstadt lagen die Mieten bei max. 18,00 Euro je m² und durchschnittlich bei 14,60 Euro je m² (2021, S. 9).